T0034679

TOM GRIMM

¿Lo sabes todo de
HARRy
POTTeR?

El libro imprescindible
para los verdaderos fans

Traducción de Bea Galán

Más de 250 anécdotas, curiosidades
y secretos del mago más famoso del mundo

Duomo ediciones

Barcelona, 2023

Título original:
Insiderwissen für Harry Potter Fans

© 2022 Originalmente publicado en alemán por HEEL-Verlag GmbH, Gut
Pottscheid, 53639 Koenigswinter, Alemania, con el título:
Insiderwissen für Harry Potter Fans
250 magische Fakten, die du Potterhead kennen solltest von Tom Grimm.
© de la traducción, 2023 por Beatriz Galán
© de esta edición, 2023 por Antonio Vallardi Editore S.u.r.l., Milán
Textos: Tom Grimm
Todos los derechos reservados

Primera edición: noviembre de 2023
Duomo ediciones es un sello de Antonio Vallardi Editore S.u.r.l.
Av. de la Riera de Cassoles, 20.3.º B. Barcelona, 08012 (España)
www.duomoediciones.com
Gruppo Editoriale Mauri Spagnol S.p.A.
www.maurispagnol.it

ISBN: 978-84-19521-04-0
Código IBIC: WBA
DL: B 17642-2023

Diseño y maquetación:
Rubén G. Castro. EnclaveGráfica
Impresión:
Grafica Veneta S.p.A. di Trebaseleghe (PD)
Impreso en Italia

INTRODUCCIÓN

Harry Potter es un fenómeno mundial.

El 26 de junio de 1997, cuando la pequeña editorial inglesa Bloomsbury publicó la primera novela de la saga, *Harry Potter y la piedra filosofal*, con una modesta tirada inicial de 500 ejemplares, nadie podía llegar a imaginar el éxito que acabaría alcanzando.

Durante más de veinte años, la fascinación por Harry Potter y su lucha contra «El que no debe ser nombrado» se ha mantenido intacta. En la actualidad, solo la Biblia y las palabras del presidente Mao Zedong pueden hallarse en más estanterías que las aventuras del aprendiz de mago más famoso de todos los tiempos... Y eso que Mao cuenta con la injusta ventaja competitiva de que todo ciudadano chino honrado que se precie está obligado a comprar el «librito rojo» del Estado, a no ser que prefiera pasar el resto de sus días soldando teléfonos baratos en un «centro correccional». En cualquier caso, y pese a todo, en China se lee más a Harry Potter que a Zedong.

Como por arte de magia, Harry Potter convirtió a la asistenta social Joanne K. Rowling en la escritora más rica del mundo con diferencia, y en una de las mujeres más acaudaladas de Gran Bretaña, por delante incluso de la reina Isabel (quien, por cierto, tampoco tuvo su propio parque de atracciones).

Según un estudio que se realizó con niños de todo el mundo, casi el 90 % conocía a Harry Potter, pero solo el 72 % había oído hablar de Jesucristo. A la vista de esta extraordinaria popularidad, lo lógico sería pensar que en la actualidad conocemos al dedillo todos los datos sobre Harry, Ron, Hermione y compañía..., pero nada más lejos de la realidad: al igual que en la Cámara de los Secretos, hay muchos más misterios (grandes y pequeños) escondidos en el mundo mágico.

En las páginas siguientes encontraréis los 250 hechos más emocionantes, extraños, fascinantes e increíbles que conocemos acerca de Harry Potter. Así que haceos con una cerveza de mantequilla, tomad vuestra varita mágica y repetid conmigo: «¡Accio varita mágica!».

Tom Grimm

LA CÁMARA DE LOS SECRETOS HA SIDO ABIERTA.

Durante la grabación de las escenas en la Cámara de los Secretos en la segunda película, el suelo estaba tan frío que Bonnie Wright, la actriz que interpreta a Ginny Weasley, se puso algunas bolsas de agua caliente en la ropa.

Aunque Myrtle la Llorona murió a los catorce años, la actriz que la interpreta, Shirley Henderson, tenía treinta y siete años la primera vez que encarnó a este personaje, en *Harry Potter y la cámara secreta*.

**El año escolar en Hogwarts empieza
el 1 de septiembre.**

Cuando J. K. Rowling empezó a escribir la primera novela de Harry Potter, recibía una pensión social y le costaba llegar a fin de mes. Por aquel entonces, una amiga le hizo un préstamo personal de casi 5.000 libras, para que pudiera cumplir su sueño y terminar el libro.
Tiempo después,
y en agradecimiento por aquel gesto, ella le regaló un piso en Edimburgo, valorado en torno
a las 350.000 libras.

En España, *Harry Potter y la Orden del Fénix* tuvo una tirada inicial de 500.000 ejemplares. Cinco días después, ¡ya se habían vendido 300.000!

Antes de que Voldemort cayera en las garras del mal, trató de conseguir en dos ocasiones el puesto de profesor de Defensa Contra las Artes Oscuras, pero fracasó. Si le hubieran dado el puesto, el mundo de la magia podría haberse evitado muchos pesares...

J. K. Rowling envió su primer manuscrito de Harry Potter a un buen número de editoriales, pero la mayoría ni siquiera lo consideró, puesto que tenía una extensión de 300 páginas y por aquel entonces los libros infantiles eran mucho más cortos. A los editores tampoco les gustó el hecho de que la historia sucediese en un internado, pues lo relacionaban con las familias de clase alta y presupusieron que provocaría el rechazo de las clases media y baja.

En el especial de HBO titulado *Harry Potter, 20.º aniversario: Regreso a Hogwarts,* los principales personajes de la saga, como Daniel Radcliffe, Emma Watson y Rupert Grint, vuelven a la escuela de magia veinte años después para recordar sus aventuras.

Tu móvil también hace magia: si le dices a Siri «¡Lumos!», se encenderá la linterna del móvil.

El deporte más popular en el mundo mágico es el quidditch. Pero esta disciplina está ganando cada vez más adeptos entre los *muggles*, tantos que hasta tenemos un mundial de quidditch: la *Copa Mundial de Quidditch*, un torneo internacional que la Asociación Internacional de Quidditch organiza cada dos años. La primera edición tuvo lugar en Oxford, en el período previo a los Juegos Olímpicos de Verano de 2012. Los actuales campeones del mundo de quidditch son los Estados Unidos, que en 2023 defienden por fin su título después de varios aplazamientos provocados por la COVID-19.

Cuando J. K. Rowling escribió la primera novela de Harry Potter, muchos personajes tenían otros nombres. Hermione Granger, por ejemplo, se llamó en un principio Hermione Puckle.

El set de rodaje de la calle principal de Godric's Hollow
es el mismo que se utilizó para el pueblo
de Hogsmeade en *Harry Potter*
y el prisionero de Azkaban. Entre uno y otro
no hubo más que unos pequeños cambios.

La escena de los siete Potters en *Las Reliquias de la
Muerte (Parte 1)* supuso un gran desafío (y una gran
diversión) para Daniel Radcliffe, que tuvo que meterse
en la piel del resto de los personajes. Se necesitaron un
total de 90 tomas para dar por buena la escena,
pues se prestó una atención meticulosa a cada detalle,
como el modo de caminar o la posición corporal
de cada uno de los Harry.

Se han vendido más de 500 millones de libros de Harry Potter en todo el mundo. En otras palabras, y matemáticamente hablando, todos y cada uno de los ciudadanos de Alemania, Gran Bretaña, Francia, Italia, España, Grecia y los Países Bajos, desde los bebés hasta las abuelas, tendrían al menos una de sus novelas.

El castillo de Alnwick, la segunda residencia aristocrática más grande de Inglaterra después del castillo de Windsor, sirvió como escenario para las tomas exteriores en las dos primeras películas de Harry Potter. Más información en **www.alnwickcastle.com**

NO ES CASUALIDAD

que el Expreso de Hogwarts saliera de la estación de King's Cross de Londres: allí fue donde los padres de J. K. Rowling se vieron por primera vez.

Dado que muchos lectores adultos consideraron que las portadas originales de Harry Potter eran demasiado infantiles y parecían tratarse exclusivamente de libros dedicados a un público menor de edad, se publicaron ediciones especiales con portadas más oscuras, que también resultaran atractivas para lectores adultos.

En la literatura fantástica, es habitual adaptar los nombres de ciertos objetos o personajes. Aunque en la versión española se mantienen la mayor parte de los nombres originales, podemos encontrar algunos ejemplos de adaptación. Como el nombre real de Lord Voldemort, Tom Marvolo Ryddle, que se adaptó a Tom Sorvolo Ryddle en español para poder formar el anagrama «Soy Lord Voldemort» en *Harry Potter y la cámara secreta*.

El actor Eddie Redmayne, que interpreta a Newt Scamander en las películas de *Animales fantásticos,* se presentó al *casting* para el papel del joven Lord Voldemort en *Harry Potter y la cámara secreta,* pero no lo escogieron.

Lucius Malfoy quería enviar a su hijo Draco a estudiar al Instituto Durmstrang. Solo fue a Hogwarts porque su madre Narcissa quería tener a su hijo cerca.

La casa de campo Hardwick Hall, en Derbyshire, Inglaterra, se convirtió en Malfoy Manor, el hogar de la familia Malfoy, para las escenas exteriores de las dos últimas películas de Harry Potter.

Para más información puedes visitar la página
www.nationaltrust.org.uk/hardwick-hall

552

J. K. Rowling se alojó en el hotel de lujo The Balmoral, en Edimburgo, para terminar de escribir sin distracciones *Harry Potter y las Reliquias de la Muerte,* y estuvo instalada en la habitación número 552, que ahora se conoce como «Suite Rowling».
Por unas 1.000 libras por noche, cualquier fan de Harry Potter con suficientes galeones en su haber puede visitar el Banco Mágico Gringotts y respirar el espíritu del mundo mágico.

Para más información puedes visitar la página
www.balmoralhotel.grandluxuryhotels.com

Lo que durante años no fue más que un rumor se confirmó en *Animales fantásticos: Los secretos de Dumbledore:* el profesor Dumbledore es gay y cuando era joven mantuvo una relación con el malvado Gellert Grindelwald.

Según el *Libro Guinness de los récords,* la galesa Tracey Nicol-Lewis posee la colección privada de Harry Potter más grande del mundo. Desde el año 2005 ha recopilado más de 6.300 artículos de todo tipo relacionados con el universo de Harry Potter, que en la actualidad almacena en tres habitaciones de su casa.

La obra de teatro *Harry Potter y el legado maldito* se estrenó en el Palace Theatre de Londres, y ostenta el récord histórico de nominaciones para los Premios Laurence Olivier (once), los más prestigiosos del teatro británico.

J. K. Rowling escribió una primera versión de la Batalla de Hogwarts mucho antes de empezar a escribir el último libro, pero no acabó de sentirse del todo satisfecha con ella, por lo que guardó aquellas páginas en la caja fuerte y no se decidió a rescatarlas hasta varios años después.

El actor británico Adrian Rawlins, que interpreta a James Potter en las películas de Harry Potter, celebra su cumpleaños el mismo día que su personaje cinematográfico: el 27 de marzo.

Si se presta atención, en la película *Harry Potter y el cáliz de fuego* puede verse a los elfos domésticos Dobby y Winky cruzando brevemente la pantalla sobre una llama durante la Copa Mundial de Quidditch.

Los icónicos pendientes de rábano que Luna Lovegood usa en las películas están hechos a mano y son obra de la actriz que interpreta a Luna, Evanna Lynch.

Muchos fans no entendían que el Sombrero Seleccionador valorara la posibilidad de asignar a Harry a Slytherin... Pero tiene una explicación: según J. K. Rowling, el sombrero captó el horrocrux de Voldemort, que perteneció a esta casa, en su interior.

El legendario director Steven Spielberg fue una de las primeras opciones para dirigir, o al menos producir, las películas de Harry Potter, pero al final renunció al proyecto porque no lo veía como «un desafío», según sus palabras. Así pues, el proyecto quedó en manos de Chris Columbus. Este cambio fue para mejor, porque el director de clásicos como *Jurassic Park, E.T., Indiana Jones* o *Tiburón* se había imaginado las aventuras de Harry y compañía como una película de dibujos animados.

No te lo pierdas

El callejón Diagon se inspiró en la calle Victoria, ubicada
en el casco antiguo de Edimburgo, donde J. K. Rowling
vivió durante muchos años. Por cierto, sus coloridas
casas son una gran atracción turística, entre otras cosas
porque hay dos encantadoras tiendas dedicadas
a Harry Potter que ningún fan de la saga debería
perderse si visita la ciudad.

En la primera versión de *Harry Potter y la piedra filosofal*, el apellido de Draco no era Malfoy, sino Spinks.

Si eres de los que alguna vez ha querido sentirse como si estuviera en El Caldero Chorreante, tienes que visitar The Cauldron. Esta cadena de bares dispone de varios locales, en Londres, Dublín, Edimburgo y Nueva York, que son una mezcla entre el universo de Harry Potter y un laboratorio de química. En ellos puedes crear tu propia «poción mágica» gracias a la supervisión de «magos experimentados». Y seamos honestos: ¿cuántas veces tendrás la oportunidad de ver cómo te llena el vaso una cabeza de unicornio colgada en la pared?

Para más información puedes visitar la página
www.thecauldron.io

Las lápidas que pueden verse en el cementerio de Little Hangleton en la película *Harry Potter y el cáliz de fuego* tienen inscripciones con los nombres de las mascotas fallecidas de todas las personas que trabajaron en el rodaje.

Para los platitos de las paredes del despacho de la profesora Umbridge se organizó una sesión de fotos previa a la filmación. El departamento de arte se esforzó mucho para que las imágenes fueran variadas: ¡usaron un total de 40 gatos!

Casi un año después de la publicación del último volumen de Harry Potter, J. K. Rowling escribió en una postal un breve prólogo para la saga, ambientado tres años antes del nacimiento de Harry. Tenía fines benéficos y fue vendido por 25.000 libras esterlinas. El texto trataba sobre el padre de Harry, James, y su mejor amigo, Sirius Black, que fueron detenidos por unos policías *muggles* tras una persecución en moto a toda velocidad, de la que acabaron huyendo en sus escobas.

Para el «robo» en el banco mágico de Gringotts en *Harry Potter y las Reliquias de la Muerte (Parte 2)*, se imprimieron más de 200.000 monedas de oro como atrezo.

La palabra *«muggle»* se añadió oficialmente al *Oxford Dictionary of English* en 2003, y también aparece en los de otros idiomas, como el *Duden* alemán (por el momento, el *Diccionario de la Lengua Española* no la ha incluido). En el diccionario inglés, el significado es: «Persona que no tiene ningún talento ni habilidad especial».

En abril de 2017 entraron a robar en una casa de
Birmingham, y no solo se llevaron joyas y dinero, sino
también una postal particularmente valiosa con la historia
de James y Sirius, que había sido subastada nueve años antes
y que ya se ha dado por perdida.

El lema de Hogwarts, «*Draco dormiens nunquam titillandus*»,
significa algo así como: «Nunca hagas cosquillas
a un dragón dormido».

En el Gran Comedor de
Hogwarts caben 22 autobuses
británicos de dos pisos. Ni uno
más ni uno menos.

No es casualidad que el quidditch sea un juego tan violento: a J. K. Rowling se le ocurrió la idea tras una acalorada discusión con el que entonces era su novio, y ya se sabe que hay que librarse de la agresividad de algún modo...

El Expreso de Hogwarts es en realidad el *Jacobite Train*, el último tren de vapor de Escocia, que cubre trayectos regulares desde Fort William hasta el pequeño pueblo pesquero de Mallaig, en la costa noreste.
El viaje dura unas dos horas y pasa por varios «escenarios de película» naturales muy conocidos por los incondicionales de Harry Potter.

Para más información puedes visitar
www.westcoastrailways.co.uk

Uno de los restaurantes favoritos de J. K. Rowling es The Witchery by the Castle, en Edimburgo, y queda a cinco minutos a pie del castillo de Edimburgo. Teniendo en cuenta que el restaurante es uno de los mejores de Escocia, los precios son relativamente asequibles. Además, aquí puedes tener la oportunidad de coincidir con la autora en persona.

Para más información puedes visitar
www.thewitchery.com

Wynott Wands, «la mejor tienda de magia de Salem», vende todo tipo de artículos de Harry Potter, aunque las maravillosas varitas hechas a mano son sin lugar a dudas su producto estrella. Y lo mejor de todo es que ni siquiera tienes que viajar a Estados Unidos para hacerte con algo.

Entrando en el sitio web
www.salemmagicshop.com
puedes comprar todo lo que quieras.

En *Harry Potter y la Orden del Fénix,* Harry y el señor Weasley marcan el número 6-2-4-4-2 en la cabina telefónica para llamar al Ministerio de Magia. Una mirada a las teclas de marcación revela que esta combinación de números no es en absoluto arbitraria, sino que las teclas juntas forman la palabra «MAGIC».

En la primera película, Harry no hace ni un solo hechizo válido con su varita.

Aunque el quinto libro de Harry Potter es el más largo de la serie, con casi 1.000 páginas en su versión inglesa, la adaptación cinematográfica (138 minutos) es la segunda más corta de la saga.

¿Lo sabías?
Fred nació unos minutos antes que George,
su hermano gemelo.

El éxito siempre trae consigo a oportunistas. Se han
publicado muchas novelas no oficiales que cuentan sus
propias historias de Harry Potter y que no han sido en
absoluto autorizadas por la autora. En China apareció hace
unos años *Harry Potter y el dragón leopardo*, y en las librerías
de la India existen algunos libros en los que
Potter vive sus aventuras en Calcuta.

El quidditch también está volviéndose cada
vez más popular entre los *muggles*. Si quieres seguir los pasos
de Harry y sus amigos, deberías visitar el sitio web de la
Asociación de Quidditch de España:
www.aqe.es/asociacion/

La primera película de Potter, *Harry Potter y la piedra filosofal*,
tenía originalmente una duración de unos 172 minutos, pero
el estudio consideró que era demasiado larga, por lo que
eliminaron unos 18 minutos de la versión cinematográfica.
Cabe decir que siete de ellos se recuperaron e incluyeron en
la versión extendida para DVD/Blu-Ray.

El 30 de octubre de 2015, en Londres, se pusieron
a la venta las entradas para la obra teatral *Harry Potter
y el legado maldito,* y en las ocho horas posteriores al anuncio
de la fecha de estreno se vendieron más
de 175.000 entradas *online.*

Las elaboradas túnicas que el profesor Dumbledore
lleva en las películas fueron diseñadas por dos bordadoras
que también diseñaron vestidos para la reina Isabel.

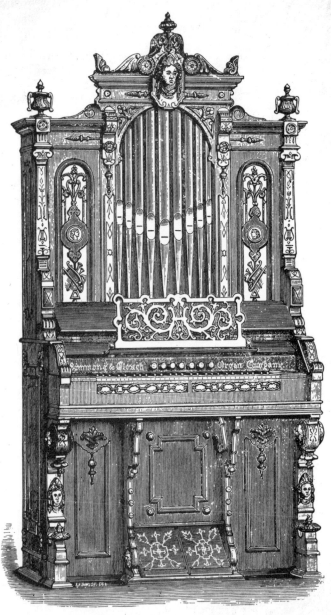

El hecho de que Harry Potter haya sido (y sea) una inspiración para mucha gente no es nada nuevo. ¿Pero sabías que nuestro aprendiz de mago favorito incluso ha dado pie a un género musical propio? ¡El wrock o Wizard Rock, que significa «rock del mago»! Las canciones tratan sobre personajes y lugares que aparecen en los libros de Harry Potter. Algunos de los grupos más famosos son Harry and the Potters, Draco and the Malfoys y The Moaning Myrtles. Puedes encontrar todas las canciones de estas bandas en YouTube.

Los actores de Harry Potter están muy
comprometidos con las cuestiones sociales: Emma Watson
lleva muchos años trabajando por la igualdad y ha apoyado,
entre otras, la campaña solidaria de la ONU HeForShe
(**www.heforshe.org**), y Daniel Radcliffe participa
activamente en Demelza House, un hospicio que atiende
a niños con enfermedades terminales en Kent,
East Sussex y South London.
Puedes obtener más información sobre este tema tan
importante en **www.demelza.org.uk**

Los rostros de sorpresa y admiración
de Harry, Ron, Hermione y compañía
al entrar en el Gran Comedor en la
película *Harry Potter y la piedra filosofal*
no son una actuación. Los actores
no habían visto la habitación antes,
seguramente para provocar en ellos la
reacción más genuina posible.

El famoso número 4 de Privet Drive no existe, y tampoco
Little Whinging, el pueblo de Surrey donde se encuentra.
La casa que sirvió como telón de fondo para
las tomas exteriores
del hogar de los Dursley está en el número 12 de Picket Post
Close, en Bracknell, Berkshire, a unos 50 kilómetros al oeste
de Londres. En Leavesden Studios también tienen
disponible una réplica 1:1 del edificio.

El nombre «Harry Potter» aparece unas
19.000 veces en las novelas.

Potter y su creadora, J. K. Rowling, celebran
el cumpleaños el mismo día: el 31 de julio.

J. K. Rowling escogió los nombres de Tom Ryddle,
Minerva McGonagall y Alastor Moody tras un paseo
por el cementerio de Greyfriars, junto a la iglesia
Greyfriars Kirk, en Edimburgo, donde estuvo
leyendo las lápidas.

Al principio, Luna Lovegood iba
a llamarse Lily Moon.

Durante el recorrido que ofrecen los estudios Leavesden
por sus instalaciones de Londres, no solo pueden verse
los escenarios y decorados del Gran Comedor, el Bosque
Prohibido, el andén 9 ¾ y el callejón Diagon, entre otros,
así como piezas de vestuario y accesorios originales, sino
que también brinda la opción de ponerse una túnica de
Hogwarts y hacerse fotos durante un espectacular paseo en
escoba… frente a una pantalla de croma verde, claro.

Sabes que has alcanzado la cima del éxito cuando hay hasta parques temáticos dedicados a tus libros. Esto es lo que sucede en El mundo mágico de Harry Potter, el parque de atracciones de Universal Studios en Orlando (Florida), Hollywood (Los Ángeles) y Osaka (Japón). Cada uno de ellos es un poco diferente, pero todos están ambientados en el universo mágico creado por J. K. Rowling.

La canción interpretada en el Baile de Navidad por The Weird Sisters en la película *Harry Potter y el cáliz de fuego* es *Do the Hippogriff*. Puedes encontrarla en YouTube o descargarla (de pago) en

www.amazon.es

¿Lo sabías?

Hasta ahora, volar en escoba era algo reservado para los magos y brujas, pero eso ha cambiado: en el castillo de Alnwick, al norte de Inglaterra, un grupo de «profesores de la escuela de magia» te enseñan a montar en escoba, y además lo hacen en el lugar exacto en el que Harry tuvo su primera clase de vuelo en la película *Harry Potter y la piedra filosofal*.

En 2010 J. K. Rowling encabezó la lista de la revista
Forbes de las mujeres más influyentes
de Gran Bretaña. Ni siquiera la reina Isabel
pudo estar a su nivel.

Al principio Emma Watson no estaba interesada en
dar vida a Hermione Granger, pero su profesora de
interpretación la animó para que se presentara
al *casting,* que se estaba realizando en varias
escuelas de Inglaterra. Fue la última aspirante en
realizar la prueba, y la que consiguió el famoso papel.

El 21 de julio de 2007, cuando salió a la venta en Inglaterra el último libro de Harry Potter, Scholastic Books abrió una línea de teléfono privada para atender a las previsibles llamadas de emergencia de lectoras y lectores pidiendo explicaciones o mostrando su sorpresa. La editorial británica de Harry Potter creyó que se despertaría una histeria colectiva entre el público (en su mayoría adolescentes muy entregados) al ver ciertos giros oscuros de la historia, pero afortunadamente se equivocaron… Al menos en su mayor parte.

No es casualidad que el coche de los Weasley sea un Ford Anglia. Un amigo del colegio de J. K. Rowling tenía el mismo modelo… Aunque no en la versión voladora, claro.

Anécdota muy curiosa

Si los ejemplares de *Harry Potter y la Orden del Fénix* que se vendieron en todo el mundo el primer día que salieron al mercado en 2003 se apilaran uno sobre otro, el resultado sería doce veces más alto que el monte Everest.

Aunque la tumba de Albus Dumbledore está en los terrenos de Hogwarts, puedes visitar el lugar donde se rodó, una pequeña isla repleta de árboles en Loch Eilt, cerca del pueblo de Glenfinnan (Escocia).

Para los estudios de cine Warner Bros, los derechos de las primeras cuatro novelas de Potter fueron una verdadera ganga: pagaron 2 millones de dólares, y esas cuatro películas han recaudado casi 4.000 millones de dólares estadounidenses en todo el mundo. Aun así, la compra fue una apuesta valiente de Warner, ya que en ese momento solo se había publicado *Harry Potter y la piedra filosofal* y nadie podía imaginar que la saga fuera a tener tanto éxito.

La película favorita de Daniel Radcliffe en la saga de Potter es *Harry Potter y la Orden del Fénix,* al contrario de lo que piensan todos sus fans, que creen que su preferida es *Harry Potter y el prisionero de Azkaban.*

En la famosa estación de King's Cross de Londres hay un andén 9 ¾ con una pared de ladrillos en la que aparece incrustado un carrito con un par de maletas, como si estuviera atravesando la pared. Quien lo desee puede pedir a un fotógrafo profesional que le haga una instantánea en ese sitio. Por desgracia, la cola que se forma frente a la tienda de fotos no puede eliminarse con un hechizo de desaparición…

La inspiración de J. K. Rowling para Hogwarts fue el colegio George Heriot de Edimburgo. Esta reconocida institución de élite se encuentra justo detrás de la Greyfriars Kirkyard, tiene cuatro torres, como Hogwarts, y hay cuatro casas a las que son asignados los alumnos, aunque no se llaman Gryffindor, Slytherin, Ravenclaw y Hufflepuff, sino Greyfriars, Lauriston, Raeburn y Castle.

Después de leer las novelas de Harry Potter, el director de un colegio estadounidense concluyó que los hechizos mágicos que contienen son reales y que uno puede invocar a espíritus malignos por el mero hecho de leerlas. De ahí que en la biblioteca de su colegio, el St. Edward Catholic School de Nashville, Tennessee, se prohibieran todas las novelas de la saga.

Además de la obra teatral, también se planteó la posibilidad de montar un musical de Harry Potter… ¡con Michael Jackson como compositor! Al menos eso fue lo que propuso el rey del pop. Pero dadas las controversias que rodeaban al músico, J. K. Rowling consideró poco acertada la combinación «Jackson/Potter» y declinó la oferta.

Cuando se descubren nuevas especies en el mundo animal y vegetal, lo tradicional es que se les ponga el nombre de la persona que realizó el descubrimiento. Pues bien, en la isla de Guam, en Micronesia, hay un tipo de cangrejo que se conoce con el rimbombante nombre de *Harryplax severus*.

Oliver y James Phelps, que interpretan a los gemelos Weasley, no son pelirrojos en la vida real, sino morenos.

¿Crees que no hay una escuela
de magia para *muggles*?

¡Pues estás equivocado! El castillo de Czocha, en
Polonia, no muy lejos de la frontera con Alemania,
se convierte de vez en cuando en una especie de
universidad para aspirantes a magos y brujas. Allí dan
clases de vuelo con escoba y elaboración de pociones
mágicas. La formación suele transcurrir durante algún
fin de semana largo. Si bien no es obligatorio disfrazarse
para la ocasión, obviamente es mucho más divertido
de ese modo. Solo hay dos personajes que están
rotundamente prohibidos: los de Albus Dumbledore y
«El que no debe ser nombrado».

Para más información sobre fechas, precios y demás,
puedes visitar la web del Colegio de Magos:
www.witchards.com

Antes de la publicación de una nueva novela de Harry Potter, se andaba con mucho cuidado para garantizar que ninguna información referente al contenido saliera a la luz con anterioridad a la fecha de publicación oficial. Por ello, cuando el periódico estadounidense *Daily News* publicó un adelanto de *Harry Potter y la Orden del Fénix*, J. K. Rowling demandó al periódico por 100 millones de dólares por daños y perjuicios.

Se utilizaron más de 30 ediciones del *Daily Prophet* como atrezo para las películas de Harry Potter, y cada una de esas ediciones tenía miles de ejemplares.

El manuscrito de *Harry Potter y la piedra filosofal* fue rechazado por una docena de editoriales antes de que Bloomsbury decidiera publicarlo.

Varios días antes de la publicación de *Harry Potter y la Orden del Fénix* se robó un camión de mercancías en Manchester, Reino Unido. Eso ya es bastante preocupante de por sí, pero además resulta que el camión transportaba casi 8.000 ejemplares de la nueva novela de Harry Potter. El valor en el mercado negro de semejante carga era, según los expertos, «incalculable». Si los libros llegaron a venderse antes de tiempo y cómo lo hicieron es algo que no hemos llegado a saber.

En 2016 la silla en la que se sentó J. K. Rowling para escribir la mayor parte de las dos primeras novelas de Potter alcanzó el precio de casi 350.000 euros en una subasta benéfica. Eso es catorce veces más de lo que se obtuvo por la misma silla cuando se subastó por primera vez nueve años antes. A la autora se la regalaron en 1995, cuando trabajaba como asistenta social, junto con otras tres sillas de distintas formas y tamaños, pero esa era «la más cómoda».

El Leadenhall Market, un mercado victoriano cubierto en Londres, fue el escenario de varias de las películas de Potter. En *Harry Potter y la piedra filosofal* se convirtió, por ejemplo, en el callejón Diagon. Los aficionados más observadores también descubrirán, al inicio del pasaje principal, la entrada de El Caldero Chorreante, aunque la llamativa puerta azul en realidad no conduce a un *pub* de mala reputación, sino a una óptica.

La cascada que se ve en el fondo de la mayoría de los partidos de quidditch de las películas es la cascada de Steall, en Glen Nevis; es la segunda más alta de Gran Bretaña.

En 2018 se estrenó *Voldemort: Origins of the Heir,* una precuela no oficial de la saga de Harry Potter. Fue financiada por una campaña de *crowdfunding,* y definitivamente vale la pena ver esta película de culto; tiene una duración de 52 minutos y está disponible de forma gratuita en el canal de YouTube de Tryangle Films. Solo está en inglés, pero puedes activar los subtítulos en castellano.

Para evitar los reflejos, las gafas que lleva Daniel Radcliffe en las películas no suelen llevar cristales.

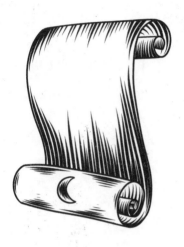

En 2006 J. K. Rowling donó a una organización benéfica un árbol genealógico de la familia Black dibujado a mano por ella misma. El dibujo salió a la venta en una subasta y el martillo cayó cuando llegaron casi a las 30.000 libras esterlinas. El comprador fue nada más y nada menos que el actor Daniel Radcliffe.

Trabajar con actores jóvenes tiene sus cosas, sobre todo cuando estos llegan a la pubertad. Hacia el final del rodaje de la primera película de Harry Potter, a Daniel Radcliffe, que entonces tenía doce años, se le escapaban tantos gallos que algunas escenas tuvieron que doblarse en posproducción.

A J. K. Rowling se le ocurrió la idea de los nombres de las cuatro casas de Hogwarts durante un vuelo. Para no olvidarlo, anotó su destello de inspiración en una bolsa de papel para vomitar.

En el hotel Georgian House de Londres
puedes alojarte en una auténtica habitación
mágica. Un pasillo decorado con cuadros
típicos de Hogwarts conduce a un
dormitorio que parece sacado del mundo
mágico, con sus vidrieras, sus paredes
de piedra, sus cofres y su decoración
a lo Potter. Y por si esto no fuera
lo suficientemente genial, ¡el acceso a
la habitación está escondido tras una
estantería de libros!

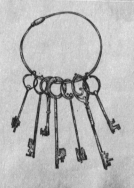

En 2004 *Forbes* nombró a J. K. Rowling la primera «autora multimillonaria» del mundo y actualmente sigue siendo la escritora de ficción más rica del planeta. La sigue James Patterson, que en la última década ha amasado una fortuna de unos 500 millones de dólares estadounidenses.

La popular marca de helados Ben & Jerry's tuvo durante una temporada un sabor al que llamaron *Berry Potter and the Container of Secrets*. Estaba compuesto de cerveza de mantequilla, grageas Bertie Bott con sabor a fresa y, según rezaba la tarrina, un «10 % más de ranas de chocolate».

La impresionante catedral de Durham, situada en el noreste de Inglaterra, cerca del pueblo de Durham, se utilizó en las tres primeras películas de Harry Potter para rodar varias tomas (exteriores e interiores) de Hogwarts.

Las novelas de Harry Potter han sido traducidas a más de 70 idiomas, incluidos el latín y el griego antiguo.

Según se dijo en algunos medios de comunicación, el presidente de Rusia, Vladímir Putin, consideró seriamente la posibilidad de demandar a la productora Warner Bros porque el elfo doméstico Dobby, de la película *Harry Potter y la cámara secreta,* «se parecía demasiado a él». Sin embargo, al final resultó que no era más que un bulo.

Las golosinas favoritas del profesor Dumbledore, los caramelos de limón Sherbert Lemons, existen en realidad. Puedes conseguirlas en muchas tiendas que ofrecen especialidades británicas, o en internet.

En el claustro del City Chambers, el majestuoso
ayuntamiento que se halla en el corazón de Edimburgo,
se encuentran, desde 2008 (año en que la autora obtuvo
el galardón de la ciudad), las huellas de J. K. Rowling
marcadas en bronce, como si del paseo de la
fama de Hollywood se tratara.

En el especial de HBO *Harry Potter: Regreso a Hogwarts*,
los creadores cometieron un vergonzoso error: en uno de
los *flashbacks* de la infancia de los actores, cuando estaban
hablando de Emma Watson, que interpreta a Hermione
Granger, mostraron por error unas imágenes de la actriz
Emma Roberts, quien no tuvo absolutamente nada que ver
con las películas de Harry Potter. Parece que se sacaron
esas tomas del Sombrero… Seleccionador.

La famosa escena de la clase de Encantamientos en que
Hermione pronuncia su icónico «Es Leviosa, no Leviosááá»
se rodó en la escuela de Harrow, al noroeste de Londres,
concretamente en la Fourth Form Room. Por cierto,
si la visitas, presta atención a las paredes: los estudiantes
tienen por costumbre grabar en ellas sus nombres,
entre los que podemos encontrar personajes tan
ilustres como Winston Churchill.

En lugar de usar el ordenador, J. K. Rowling prefiere escribir
a mano el primer borrador de sus novelas. Solo cuando este
está corregido y revisado, se sienta ante el ordenador.

Anécdota impactante

En la época en que se estaban publicando
los libros de Harry Potter por primera vez,
J. K. Rowling recibió infinidad de cartas
de admiradores. La mayoría solo querían
decirle cuánto les gustaba Harry Potter, y
algunos le preguntaban cómo continuaría
la historia; pero hubo una carta que la
impresionó especialmente y se le grabó
a fuego en la memoria, pues
solo contenía una frase:

«¡No mates a Hagrid!».

Una sola frase, pero, eso sí, repetida una y
otra vez durante diez páginas a doble cara.

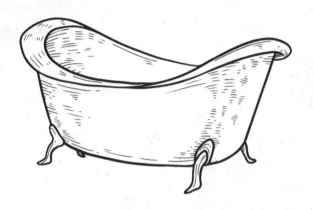

¿Lo sabías?

Daniel Radcliffe se enteró de que le habían dado
el papel de Harry Potter cuando estaba en la bañera.

Harry Potter y la piedra filosofal no tuvo un éxito inmediato
tras su publicación en el Reino Unido. Aun así, la editorial
Scholastic de Estados Unidos lo compró en abril de 1997
por 105.000 dólares, una cantidad que en ese momento fue
considerada desorbitada para una novela infantil.

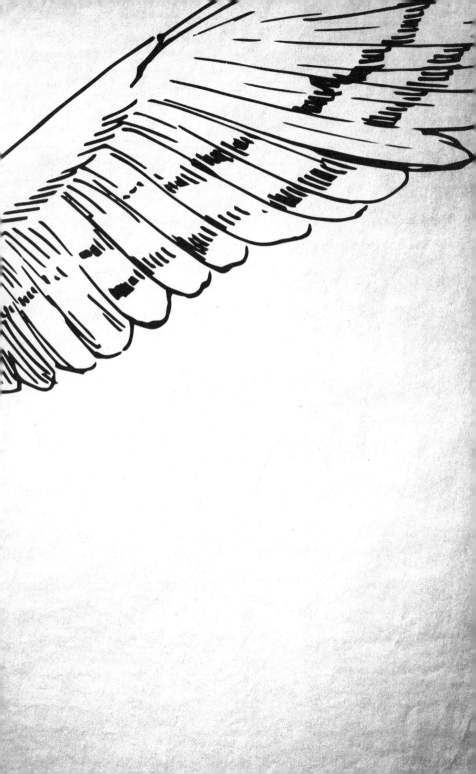

Harry Potter y el legado maldito se estrenó en el teatro West End de Londres, y más tarde llegó también a Nueva York, Melbourne y Toronto. En 2021 se estrenó la adaptación en alemán en Hamburgo, y en 2022, la japonesa, en Tokio. Por el momento no hay planes para adaptarla al español, aunque hay rumores que hablan de una posible película… ¡Cruzamos los dedos!

Las ocho películas de Harry Potter han recaudado en total casi 8.000 millones de dólares.

La película más taquillera de la saga fue la segunda parte de *Harry Potter y las Reliquias de la Muerte*. Se proyectó en cines de todo el mundo y recaudó casi 1.400 millones de dólares. El capítulo final de la saga Harry Potter pasó a ocupar el puesto número 14 de las películas más taquilleras de todos los tiempos; actualmente se encuentra en el puesto 16.

La primera edición en inglés de *Harry Potter y la piedra filosofal*, la primera novela de la saga, se publicó en 1997 en la editorial Bloomsbury y tuvo una tirada de apenas 500 ejemplares.

Si quieres ver todas las películas de Potter de una sentada, necesitarás mucho tiempo: las ocho películas juntas tienen una duración total de 1.179 minutos. ¡Casi 20 horas! Así que asegúrate de tener suficiente cerveza de mantequilla y bocadillos en la nevera… ¡y listos!

Las ediciones extendidas de *Harry Potter y la piedra filosofal* y *Harry Potter y la cámara secreta* contienen algunas escenas interesantes que fueron descartadas en el montaje final. Las escenas adicionales de la primera película duran unos siete minutos y las de la segunda, unos trece.

J. K. Rowling ha recibido infinidad de premios y reconocimientos por su trabajo. Por ejemplo, recibió un doctorado *honoris causa* en Literatura y fue nombrada Dama de Honor por la reina Isabel II de Inglaterra. Los franceses también le concedieron ese honor.

Como ya hemos mencionado anteriormente, las novelas de Potter se han traducido a muchísimos idiomas.

Algunos de los más curiosos son el griego antiguo y el latín, que se hicieron con fines académicos y para animar a la lectura en estas lenguas extintas.
En España, se pueden encontrar tanto en español como en lenguas cooficiales, como el gallego, el euskera, el asturiano y el catalán.

El día que salió a la venta *Harry Potter y la Orden del Fénix*, en las librerías de Inglaterra se vendieron 21 ejemplares por segundo.

Joanne K. Rowling no tiene un segundo nombre, en realidad. Esta «K». añadida responde a una idea inicial del editor, que temía que una novela fantástica sobre un joven mago escrita por una mujer pudiera venderse menos que si estuviera escrita por un hombre, de modo que la instó a firmar solo con su inicial y así eludir su género. A la autora, «J. Rowling» le pareció demasiado soso, por lo que añadió la «K.», en honor a su abuela Kathleen.

Chris Columbus fue el encargado de adaptar los dos primeros libros de la saga a la pantalla. Decidió abandonar el proyecto y lo sustituyó el mexicano Alfonso Cuarón. Para preparar la tercera película, *Harry Potter y el prisionero de Azkaban,* el nuevo director les pidió a Daniel Radcliffe, Emma Watson y Rupert Grint que escribieran unas líneas sobre sus respectivos personajes. Como la brillante estudiante que era, Emma Watson redactó 16 páginas sobre Hermione, y Daniel Radcliffe logró rellenar una página entera sobre Harry. Rupert Grint, sin embargo, no alcanzó a escribir ni una sola línea sobre Ron.

Muchas tomas interiores de *Harry Potter y la cámara secreta* se rodaron en el antiguo convento de Lacock Abbey, a unos 30 kilómetros al este de Bristol. Entre otras, por ejemplo, la escena en el claustro de Hogwarts en la que Harry libera a Dobby, el elfo doméstico, de la esclavitud de la familia Malfoy.

J. K. Rowling no escribió *Los cuentos de Beedle el Bardo* con la intención de publicarlo; de hecho, solo hizo siete copias a mano e ilustradas por ella. Regaló seis de ellas y la séptima la donó en 2007 a su fundación benéfica Lumos, donde fue subastado por 2 millones de libras. Dado el interés de los lectores, en 2008 aceptó publicarlo, y destinó los beneficios a la organización Children's High Level Group.

El centro comercial más grande del mundo con temática de Harry Potter es Hamleys, en Londres. En él se encuentra prácticamente todo lo que pueda obtenerse a cambio de dinero: juguetes, libros, ropa, artículos de publicidad y coleccionables de todo tipo.

Para más información sobre el tema puedes visitar la página **www.hamleys.com**

J. K. Rowling ama los libros en su versión más tradicional, y por ello se resistió durante años a publicar sus novelas en digital. Los libros de Harry Potter no estuvieron disponibles en este formato hasta 2011.

Una de las cafeterías de Edimburgo donde J. K. Rowling solía escribir era el Nicolson's Cafe de Edimburgo; aunque desde entonces ha cambiado muchas veces de dueño, en la fachada del edificio hay una pequeña placa de metal que conmemora que Rowling escribió varios de los primeros capítulos de *Harry Potter y la piedra filosofal* en el primer piso.

La Livraria Lello de Oporto, en Portugal, es una de las librerías más bellas de Europa y fue la inspiración de J. K. Rowling, que en los noventa trabajó como profesora de inglés en esa ciudad, para crear la biblioteca de Hogwarts.

Para más información sobre
la Livraria Lello puedes visitar la página
www.livrarialello.pt

J. K. Rowling escribió gran parte de las dos primeras novelas de Potter en The Elephant House, una acogedora cafetería en el casco antiguo de Edimburgo.

Para más información sobre
The Elephant House puedes visitar la página en
www.elephanthouse.biz

Los artistas Miraphora Mina y Eduardo Lima, responsables del extraordinario diseño gráfico de las películas de Harry Potter, regentan una tienda de diseño en Londres en la que se puede admirar su trabajo e incluso hacer alguna compra pagando la correspondiente «calderilla»:
House of MinaLima.

Para más información puedes visitar
www.minalima.com

Aunque los colores de la casa Ravenclaw en los libros son el azul y el bronce, en las películas son el azul y el plateado, pues esta combinación de colores les pareció más llamativa y adecuada para la gran pantalla.

¿Lo sabías?

La segunda parte de *Harry Potter y las Reliquias de la Muerte* aparece en el *Libro Guinness de los récords* por haber usado la alfombra roja más larga en el estreno de una película. La alfombra medía 455 metros de largo, e iba desde Trafalgar Square hasta Leicester Square, en Londres.

En un primer momento, Hugh Grant fue el actor en el que se pensó para interpretar el papel del narcisista profesor Gilderoy Lockhart, pero problemas de agenda lo obligaron a declinar la oferta y fue sir Kenneth Branagh quien obtuvo el papel.

Millie, el hámster de Emma Watson, murió durante el rodaje de una de las películas de Harry Potter. El equipo de rodaje construyó un miniataúd de madera hecho a medida, forrado de terciopelo y con el nombre de la pequeña mascota grabado en él. Tiempo después ella afirmó que aquel había sido, sin duda, el mejor entierro posible para un hámster.

Harry Potter y la cámara secreta es una de las últimas películas que aparecieron en VHS en Estados Unidos.

Muy interesante
La traducción al griego antiguo de
Harry Potter y la piedra filosofal es el texto más extenso
publicado en esta lengua desde hace
más de mil quinientos años.

En un momento dado, Coca-Cola decidió pagar la increíble suma de 150 millones de dólares para imprimir en sus latas logotipos e imágenes de las dos primeras películas de Harry Potter. Solo con este movimiento, Warner Bros recuperó casi por completo los costes de producción de *Harry Potter y la piedra filosofal*, y eso a pesar de que J. K. Rowling también se llevó un trozo enorme del pastel: 15 millones de dólares.

Cada año, el 2 de mayo, se celebra la victoria de Harry sobre Voldemort en la Batalla de Hogwarts. Es el día internacional de Harry Potter.

En 2003, coincidiendo con la publicación del quinto libro de la saga, la editorial Weltbild y el periódico *Deutsche Post* organizaron en Alemania una campaña conjunta nunca vista: todos los fans del mago que hubieran reservado la novela antes de una fecha determinada tuvieron la opción de recibirla a domicilio «durante la hora de las brujas». Para ello, los libros fueron repartidos por 1.000 carteros contratados especialmente para la ocasión y entregados a los lectores entre la medianoche y las dos de la mañana. La acogida fue tan masiva que se repitió en 2005 y 2007.

¿Lo sabías?

La infinidad de libros que se acumulan en las estanterías del despacho de Dumbledore en las películas en realidad no contienen fórmulas mágicas, sino números de teléfono. ¡Resulta que son guías telefónicas británicas forradas!

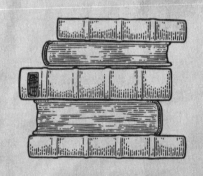

En *Harry Potter y la cámara secreta* hay una escena en la que Daniel Radcliffe tiene que subirse la pernera del pantalón para demostrar que ya no lleva calcetines. Dado que el actor había entrado en la pubertad, ya tenía mucho pelo en ciertas partes del cuerpo en las que un niño de doce años, por muy mago que sea, no suele tenerlo, de modo que para rodar la escena tuvo que afeitarse las piernas.

Como corresponde a los verdaderos bromistas, los gemelos Weasley nacieron el 1 de abril, que es el *April Fools' Day,* o día de las bromas en Inglaterra. ¡No es broma!

SECRETO
Harry Potter tiene miedo a las palomas.

Cuando Coca-Cola manifestó su deseo de hacer publicidad con Harry Potter, J. K. Rowling accedió con la condición de que la campaña incluyera una serie de iniciativas relacionadas con la promoción de la lectura entre los jóvenes. Fue así como Coca-Cola donó más de 18 millones de dólares para la campaña *Reading is Fundamental.*

A finales de 2021, un incendio destruyó The Elephant House, la cafetería en la que J. K. Rowling escribió gran parte de las dos primeras novelas de Harry Potter. Aunque la mesa en la que la autora solía sentarse a escribir sufrió algunos daños, el dueño del local, Davis Taylor, pudo salvarla y restaurarla.

Si prestas mucha atención a la escena navideña que tiene lugar en el Gran Comedor en la película *Harry Potter y la piedra filosofal,* podrás ver a unas brujitas revoloteando en torno a las coronas de los árboles de Navidad.

Pasó casi un año desde que J. K. Rowling envió el primer
manuscrito de Harry Potter hasta que un
editor mostró interés.

En *Harry Potter y el prisionero de Azkaban* los estudiantes de
Hogwarts visitan Hogsmeade, el pueblo mágico, justo antes
de Navidad. La nieve que puede verse en esas escenas
es en realidad sal gruesa.

¿Hay alguien mejor que Harry Potter
para inspirar a los niños y jóvenes a superar
sus miedos y ganar confianza en sí mismos?
Seguro que no. Por ello Potter se
ha ido introduciendo con éxito en las terapias
psicológicas de los últimos años.

Es de sobras conocido que Ron Weasley tiene fobia a las arañas, pero es que además Rupert Grint, el encargado de dar vida a Ron, tampoco las soporta. Las escenas con arañas que tuvo que grabar para *Harry Potter y la cámara secreta* le supusieron un verdadero ejercicio de esfuerzo y superación.

Las cartas de Hogwarts que revolotean por la sala de estar de los Dursley en *Harry Potter y la piedra filosofal* se hicieron con el mismo papel que se usa para imprimir billetes. El papel normal habría resultado demasiado pesado.

En un principio J. K. Rowling quería llamar «Caballeros de Walpurgis» a los mortífagos, pero cambió de opinión porque el nombre no le pareció lo suficientemente aterrador.

UN SECRETO
MUY BIEN GUARDADO

Las babosas que salen de la boca de Ron
en *Harry Potter y la cámara secreta* cuando
fracasa en su intento de maldecir a Draco
Malfoy con el encantamiento vomitababosas
en realidad están hechas de gelatina.
Para ser más precisos, de gelatina de
limón, naranja, chocolate y menta.

En la segunda película de la saga, Draco Malfoy cree estar hablando con Goyle cuando en realidad se trata de Harry bajo los efectos de una poción multijugos. En un momento dado, Draco exclama que no sabía que Goyle supiera leer, y resulta que la exclamación es improvisada, pues Tom Felton no recordaba lo que tenía que decir.

J. K. Rowling terminó la última novela de Harry Potter
el 11 de enero de 2007 en la habitación 552 del hotel
Balmoral de Edimburgo. Después de redactar las últimas
líneas del libro, tomó un rotulador negro y escribió
una notita en la parte de atrás de un busto
de mármol blanco para dejar constancia de ello.

El club de fútbol londinense West Ham United aparece
en las novelas de Harry Potter porque un amigo de la
infancia de J. K. Rowling era un gran hincha suyo.

El nombre de la famosa prisión mágica de Azkaban es el resultado de mezclar «Alcatraz» y «Abbadon». Mientras que la prisión federal de Alcatraz, ubicada en la bahía de San Francisco, fue considerada una de las más infranqueables del mundo durante décadas, el término «Abadón» significa «abismo» y se emplea varias veces en el Antiguo Testamento, en paralelo con el Sheol o mundo inferior de los muertos. Traducido del hebreo significa «descenso, destrucción, lugar de corrupción».

J. K. Rowling tuvo la idea de escribir la historia de Harry Potter durante un viaje en tren a Londres. No podía haber sido más apropiado.

Las ediciones del diario *El Profeta* que aparecen en *Harry Potter y el prisionero de Azkaban* están visualmente inspiradas en los rotativos de propaganda soviética de los cuarenta. Los diseñadores gráficos tardaron dos semanas en crear una única edición.

El nombre real de Myrtle la Llorona, el fantasma que vive en uno de los baños de chicas de Hogwarts, es Myrtle Elizabeth Warren. Fue asesinada por el basilisco de la Cámara de los Secretos, siguiendo órdenes de un jovencísimo Voldemort.

El profesor Dumbledore tenía unos espléndidos ciento quince años.

Todos los días, multitud de personas de todo el mundo teclean en Google las palabras «Harry Potter». Según afirmó ella misma, J. K. Rowling lo hizo por primera vez en 2002, cuando la fiebre de Potter ya estaba en pleno apogeo.

La obra de teatro *Harry Potter y el legado maldito* dura más de cinco horas, por lo que suele dividirse en dos funciones. En época del coronavirus, no obstante, la pieza se reescribió para que pudiera verse en una única (y larguísima) sesión.

En 2018 se subastó una primera edición de *Harry Potter y la piedra filosofal* por la impresionante cifra de 160.000 euros. Mucho dinero, sin duda, aunque a cambio el libro estaba firmado por J. K. Rowling.

Todas las escenas en las que Harry y compañía
se suben al Expreso de Hogwarts en las películas
se filmaron en la estación St. Pancras de Londres.

El número 12 de Grimmauld Place en realidad se encuentra
en Claremont Square, en Islington, Londres. Durante el
rodaje de las películas de Potter, los números entre el
23 y el 29 sirvieron como escenario de las tomas exteriores
de la sede de la Orden del Fénix y son, contrariamente
a lo que sugieren los libros y las películas, perfectamente
visibles para los *muggles*.

Muchas de las escenas de las películas se rodaron en el Christ Church College de Oxford. Además, el comedor, con su magnífico techo de madera y los numerosos retratos de antiguos alumnos (entre los que se cuentan John Locke, Enrique VIII y Lewis Carroll, el autor de *Alicia en el País de las Maravillas*), sirvió de inspiración para crear el Gran Comedor de Hogwarts en los estudios.

Los fans de las películas de Harry Potter no tendrán ningún problema en reconocer la biblioteca de la Divinity School de Oxford, la famosa Bodleian Library, en el ala de enfermería de Hogwarts. Las salas de la biblioteca sirvieron también como salón de baile para los ensayos del Baile de Navidad en *Harry Potter y el cáliz de fuego*.

El famoso discurso de graduación que J. K. Rowling dio a los alumnos de la Universidad de Harvard en 2008 está también disponible en formato libro. ¿Su título? *Vivir bien la vida. Los beneficios inesperados del fracaso y la importancia de la imaginación* (2018).

Las escenas de la estación de tren de Hogsmeade a la que llegan y de la que parten los estudiantes de Hogwarts se rodaron en la estación de Goathland de la línea histórica North Yorkshire Moors Railway, en el Parque Nacional North York Moors.

La censura del mercado chino recortó apenas seis segundos de la película *Animales fantásticos: El secreto de Dumbledore,* pero fueron seis segundos cruciales, ya que contenían la conversación entre Dumbledore y Grindelwald en la que ambos recuerdan que mantuvieron una relación romántica en el pasado. En China, aunque la homosexualidad no es ilegal, está perseguida por el Estado.

Con la esperanza de obtener más votos para su candidatura a un cargo político, un ruso decidió cambiarse el nombre por el de Harry Potter. Pese a ello, al final no ganó las elecciones.

Al principio, Neville Longbottom iba a llamarse Neville Puff.

Durante el rodaje del beso entre Daniel Radcliffe y Emma Watson en *Harry Potter y las Reliquias de la Muerte (Parte 1)*, Rupert Grint estaba observando la escena y le entró un ataque de risa tan incontrolado que tuvieron que echarlo del plató.

Scholastic, la editorial estadounidense de Harry Potter, consideró que el título original en inglés del primer libro, *Harry Potter and the Philosopher's Stone* (literalmente, *Harry Potter y la piedra del filósofo*), sonaba demasiado sofisticado y pomposo para un público joven, de modo que lo cambiaron por *Harry Potter and the Sorcerer's Stone* (*Harry Potter y la piedra del hechicero*).

Durante el rodaje de la huida en coche de Harry y Ron en *Harry Potter y la cámara secreta*, se destrozaron catorce Ford Anglia para grabar las tomas de la avería y el posterior choque contra el Sauce Boxeador.

¿LO SABÍAS?

La serie de televisión *Los Simpson* es famosa por sus cameos. Por supuesto, Harry Potter también ha aparecido en ella. En el episodio «El Bob de al lado» (temporada 21), el Actor Secundario Bob hace un *spoiler* de uno de los sucesos más dramáticos de la saga: la muerte de Dumbledore a manos de Severus Snape.

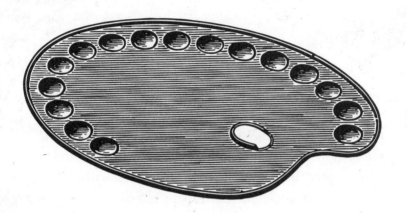

Durante uno de los rodajes, Rupert Grint hizo un dibujo poco favorecedor de Alan Rickman, que interpreta a Severus Snape, sin darse cuenta de que lo tenía justo detrás. Como Rickman explicó en una entrevista, hizo que Rupert lo firmara y se lo llevó a casa porque le tenía mucho cariño.

Durante la cuarta entrega de la saga, Harry Potter tiene que bailar. Sin embargo, como Daniel Radcliffe aparecía prácticamente en todas las escenas, no dispuso del mismo tiempo que sus compañeros de reparto para ensayar (tres semanas), sino solo de cuatro días, razón por la cual sus tomas son principalmente de cintura para arriba: había que ocultar que apenas sabía lo que estaba haciendo. Por suerte, Harry no era precisamente un gran bailarín, lo que jugó a favor del equipo.

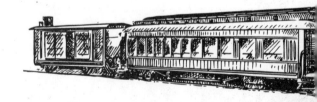

Durante un tiempo se rumoreó que Haley Joel Osment, que había tenido un éxito fulgurante con su participación en *El sexto sentido,* se metería en la piel de Harry Potter para darle voz en la versión animada que Spielberg tenía en mente. Pero Spielberg abandonó el proyecto y, de todos modos, J. K. Rowling había exigido por contrato que todos los actores debían ser británicos. Finalmente, Daniel Radcliffe fue el elegido entre los más de 3.000 aspirantes.

Para el personaje de Salazar Slytherin, uno de los fundadores de Hogwarts, J. K. Rowling se inspiró en la figura de António de Oliveira Salazar, el veterano primer ministro de Portugal entre 1932 y 1968. Durante el tiempo que vivió allí, la escritora se empapó a conciencia de la historia de Portugal y quiso llevar su experiencia y sus aprendizajes a los libros.

J. K. Rowling escribió la primera versión completa de *Harry Potter y la piedra filosofal* en una vieja máquina de escribir.

Tras la muerte de Richard Harris, que interpretó al profesor Dumbledore en las dos primeras películas de la saga, se le ofreció el papel a sir Ian McKellen, conocido sobre todo por su papel de Gandalf en *El señor de los anillos*. El británico se negó, no obstante, alegando que su colega fallecido no tenía muy buena opinión sobre él y que no quería ocupar el puesto de alguien que no le tenía ningún aprecio. Tras su negativa, fue Michael Gambon quien aceptó el papel.

Tom Felton, que interpretó a Draco Malfoy, solía colar golosinas en el rodaje de *Harry Potter y el prisionero de Azkaban*. Se las metía en los bolsillos de su túnica de Hogwarts y se las iba comiendo durante el rodaje. Tras advertirle repetidamente sobre el asunto, acabaron cosiéndole los bolsillos para que no lo hiciera.

En la imprenta alemana del distrito de Saale-Orla en la que se imprimió el séptimo y último volumen de Harry Potter, se impusieron estrictas normas de seguridad. Para que ninguno de los empleados divulgara ninguna información sobre la novela, o incluso para que no sacara de contrabando uno de los libros o algunas páginas, no les bastó con hacerles firmar un acuerdo de confidencialidad, no: los empleados estuvieron custodiados las 24 horas por guardias de seguridad, eran cacheados cada día al salir del edificio y trabajaban la mayor parte del tiempo en penumbra, para que no pudieran leer el final de la historia del joven mago.

En España, la imprenta Rotativas de Estella (Rodesa), en Villatuerta, fue la encargada de imprimir gran parte de la primera tirada del último libro de la saga de Harry Potter. La imprenta firmó un acuerdo de confidencialidad con la editorial, y repartió circulares entre sus trabajadores para recordarles la importancia de no divulgar ningún tipo de información sobre el libro. Los ejemplares iban empaquetados en cajas opacas, y los camiones que los distribuyeron fueron sellados.

Harry Potter y las Reliquias de la Muerte se publicó en España con una tirada inicial de 750.000 ejemplares… ¡Y durante el primer mes se vendieron más de 550.000!

El Señor Tenebroso decidió dejar de lado su nombre real, pero lo usó para crear el nombre bajo el que se haría famoso: «Yo soy Lord Voldemort» es un anagrama de «Tom Sorvolo Ryddle».

Por unos 200 euros por noche, puedes dormir en la casa de los padres de Harry Potter, o al menos en la distinguida De Vere House, en Lavenhouse (Inglaterra), donde se rodaron las escenas de Godric's Hollow para *Harry Potter y las Reliquias de la Muerte (Parte 1)*.

Aunque la mayor parte de los nombres propios de objetos se mantienen fieles al original en la traducción española, hay algunas excepciones. Por ejemplo, el Espejo de Oesed en inglés se llama *Mirror of Erised*; la gracia del nombre es que *erised* es *desire* deseo leído al revés, de modo que se adaptó a nuestro idioma.

El actor Alan Rickman fue el único miembro del rodaje que estuvo al corriente desde el principio de la relación secreta entre Severus Snape y Lily, la madre de Harry. J. K. Rowling consideró que decírselo era el modo de ayudarlo a comprender mejor a Snape y así transmitir sus matices de la manera más convincente. Sin embargo, y para evitar filtraciones, no se compartió esta información con nadie más, y Rickman se vio obligado a desafiar en varias ocasiones al director de escena porque, a diferencia de este último, sabía lo que Snape acabaría haciendo.

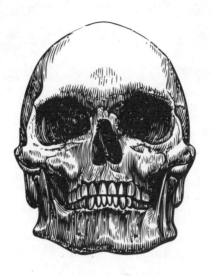

Una de las escenas más impactante de la película *Harry Potter y el misterio del príncipe,* el ataque a La Madriguera, la acogedora casa de los Weasley, no aparece en el libro.

Al principio, J. K. Rowling tenía pensado que Ron, el mejor amigo de Harry, muriera hacia mitad de la historia.

SECRETO

La golosina mágica preferida
de J. K. Rowling son las
ranas de chocolate.

Stan Shunpike y Ernie Prang, el cobrador y el conductor del Autobús Noctámbulo respectivamente, recibieron esos nombres en honor a los abuelos de J. K. Rowling, Stanley George Volant y Ernest Arthur Rowling.

Como recuerdo de la grabación de las películas de Harry Potter, que determinaron prácticamente toda su infancia y juventud, Daniel Radcliffe conservó el primer y el último par de gafas que llevó en los rodajes. Emma Watson, por su parte, se quedó con una varita, una capa y el giratiempo.

La comida que se sirve en las películas de Harry Potter es siempre mágica, pero los «pasteles de invierno» son especialmente llamativos, en el sentido más literal de la expresión, pues en uno puede verse a un muñeco de nieve patinando por encima y en otro, a unos minimagos en plena guerra de bolas de nieve.

Peeves, el famoso *poltergeist* de Hogwarts, iba a aparecer en la saga cinematográfica, junto con otros fantasmas como Nick Casi Decapitado, la Dama Gris y Myrtle la Llorona. De hecho, el cómico británico Rik Mayall llegó a grabar algunas escenas para *Harry Potter y la piedra filosofal*. Al final, no obstante, se eliminaron.

Parece obvio que los Black sienten una gran debilidad por la astronomía. ¿Por qué, si no, pondrían a tantos miembros de su familia nombres como Sirius, Cygnus, Arcturus, Pollux o Cassiopeia?

Durante el rodaje de *Harry Potter y el prisionero de Azkaban*, Emma Watson estaba, según sus propias palabras, «bastante pillada de Tom Felton», que interpretaba al malvado Draco Malfoy. Por desgracia, su amor no fue correspondido y su compañero de reparto dijo de ella: «Es como una hermana pequeña para mí».

Originalmente, se suponía que Remus Lupin iba a sobrevivir. Fue ya avanzada la historia cuando J. K. Rowling decidió, con gran pesar en su corazón, que «por motivos dramáticos» el personaje debía morir.

Lavender Brown es un anagrama de *Brand New Lover*, que significa algo así como «flamante nuevo amor». Su nombre ya indica, pues, qué papel desempeñaría el personaje en el transcurso de la historia.

Se calcula que, durante el rodaje de la saga, Daniel Radcliffe tuvo que ponerse más de 2.000 veces en manos de las maquilladoras para lucir en la frente la famosa cicatriz en forma de rayo.

En un cementerio en Ramle, cerca de
Tel Aviv, hay enterrado un soldado
británico llamado Harry Potter. Su tumba
se ha convertido en una verdadera
atracción turística. Según puede leerse
en su lápida, este Harry Potter tenía
diecinueve años cuando murió luchando
en Palestina en 1939, pero lo cierto es
que solo tenía dieciocho años y que
mintió sobre su edad para poder
alistarse en el ejército.

Harry Melling, que interpreta al espantoso primo de Harry, Dudley, perdió tanto peso entre una película y otra que durante el rodaje de *Harry Potter y las Reliquias de la Muerte (Parte 1)* tuvieron que ponerle «almohadillas de grasa» bajo la ropa y someterlo a largas sesiones de maquillaje para que su rostro pareciera lo suficientemente rechoncho. Incluso así, la mayor parte de sus escenas tuvieron que editarse digitalmente.

Muchas de las pociones que beben Harry y sus amigos en las películas son en realidad sopa.

Según la descripción de las novelas, Hermione tenía los dientes incisivos bastante grandes. La idea inicial fue reproducir ese rasgo en las películas, pero durante los ensayos se hizo evidente que la dentadura postiza impedía a Emma Watson pronunciar con claridad, de modo que no tardaron en descartar la idea.

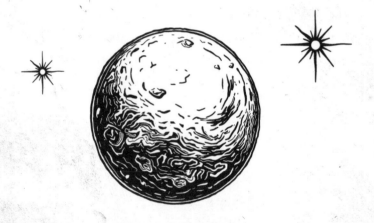

J. K. Rowling ama los juegos de palabras, los anagramas y las sutiles pistas sobre el destino de sus personajes. Un buen ejemplo de esto es el del hombre lobo Remus Lupin. Si cambias el orden de las letras, se convierte en *Primus Lune*, que significa algo así como «la primera luna». Además, Lupin deriva de *lupus*, la palabra latina para «lobo».

Solo en la primera semana, el libro de *Harry Potter y el legado maldito* vendió más de 850.000 copias en el Reino Unido. Esto lo convierte en el guion teatral más vendido de todos los tiempos.

El parecido entre el joven Tom Ryddle y Lord Voldemort en *Harry Potter y el misterio del príncipe* no es mera coincidencia: Tom Ryddle es interpretado por Hero Fiennes Tiffin, sobrino de Ralph Fiennes, el actor que encarna al Voldemort adulto.

Por deliciosos que parezcan todos los dulces que se encuentran en el Gran Comedor de Hogwarts, comerlos no es en absoluto una buena idea, pues están hechos casi exclusivamente de resina sintética pintada. No fue así desde el principio: para *Harry Potter y la piedra filosofal* varios cocineros prepararon la comida con gran cuidado. El problema vino cuando, pasados unos días, el plató empezó a rezumar un «olor extraño». De ahí que en las películas posteriores decidieran tirar de atrezo.

Dentro de la Iglesia católica ha habido muchas voces que se han alzado en contra de la saga, por considerar que favorecía el interés por la «magia negra», aunque también ha habido otros que la defendían porque promueve valores cristianos, como la bondad o el triunfo del bien sobre el mal. En cualquier caso, y aunque salió a la luz una carta que el fallecido papa Benedicto escribió en su época de cardenal en la que mostraba su preocupación porque la historia del niño mago pudiera desviar a los niños de la fe cristiana, la Iglesia no se ha pronunciado oficialmente al respecto.

Antes de la publicación de *Harry Potter y el prisionero de Azkaban,* se temió que la mitad del alumnado británico faltara a clase la mañana en que la novela salía a la venta, y de ahí que la editorial Bloomsbury se ofreciera a no entregar los ejemplares hasta que hubiera acabado la jornada escolar.

Si se pusieran uno detrás de otro todos los ejemplares de Harry Potter que se han vendido, la fila daría tres veces la vuelta alrededor del ecuador.

Normalmente, a los productores no les importa que los actores se lleven algún detalle como recuerdo del rodaje, pero cuando sorprendieron a Rupert Grint tratando de quedarse con un huevo de dragón dorado en *Harry Potter y el cáliz de fuego,* lo obligaron a devolverlo.

La primera edición del séptimo y último volumen de la saga de Harry Potter salió al mercado estadounidense con la increíble cifra de 12 millones de copias.

La piratería es un gran problema para la industria cinematográfica. Por temor a que alguien pudiera grabar de forma ilegal la película *Harry Potter y el misterio del príncipe*, los espectadores de algunas ciudades alemanas tuvieron que pasar por una máquina de rayos X.

J. K. Rowling escribió las primeras frases de *Harry Potter y la piedra filosofal* en una servilleta de papel.

Para las escaleras de Hogwarts, en las que aparecen representados brujas y magos famosos, se realizaron 250 retratos, que corresponden principalmente a miembros del rodaje y trabajadores de la productora. De este modo quedaron inmortalizados en la grabación.

¿Lo sabías?
Daniel Radcliffe usó un total de 160 gafas durante
los rodajes de las ocho películas.

La razón por la cual Bloomsbury se decidió a publicar la
primera novela de Harry Potter, pese a que esta hubiese
sido rechazada anteriormente por muchas otras editoriales,
tiene que ver con la hija del editor Barry Cunningham:
cuando este le dio el manuscrito a la niña para que le diera
su opinión, ella dijo que se había quedado enganchada
a la lectura desde las primeras páginas y que estaba tan
emocionada que necesitaba saber cómo continuaría la
historia. Al ver su reacción, Cunningham pensó que aquello
podría pasarle también a otros lectores... y dio con
la gallina de los huevos de oro.

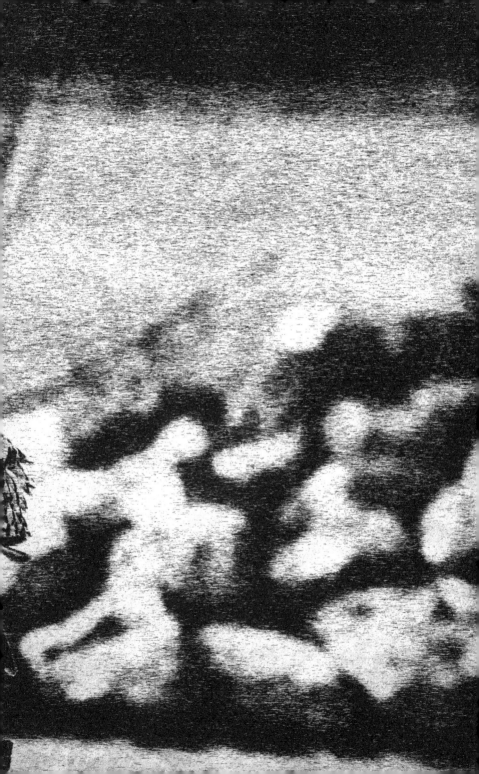

Durante la escena de *Harry Potter y el cáliz de fuego* en la que Harry, Ron y Hermione hacen sus deberes bajo la supervisión de Snape, los actores estaban haciendo sus propios deberes escolares, los de la vida real, y por supuesto tuvieron que ir aprobando los exámenes durante el rodaje.

Para el rodaje de las películas de Harry Potter, el departamento de producción se hizo con suficiente madera, plástico y caucho para crear 3.000 varitas. Cada una de ellas era única y su diseño se adaptaba específicamente a la personalidad de su dueño.

La lectura favorita de los presos de Guantánamo,
la famosa prisión de máxima seguridad de Estados Unidos,
son las novelas de Harry Potter.

La mayoría de los niños quieren ser astronautas, médicos
o estrellas mediáticas. No fue este el caso de Rupert Grint,
alias Ron Weasley, quien siempre había soñado con llegar a
ser heladero. Cuando finalmente se hizo actor y tuvo la edad
suficiente, compró un camión de helados y lo
condujo por su barrio repartiendo helados a los niños...
Gratis, por supuesto.

La nutria, el Patronus de Hermione Granger,
es el animal favorito de J. K. Rowling.

Al principio J. K. Rowling tenía la intención de que Arthur
Weasley muriera en *Harry Potter y la Orden del Fénix*, pero
llegado el momento no se atrevió a hacerlo. Después de
todo, el buen hombre tenía siete hijos. Para compensarlo,
mató a Remus Lupin en el último libro.

Hay tres tipos de monedas en el mundo mágico: los
knuts, los sickles y los galeones. Un galeón equivale
aproximadamente a 6 euros.

Al principio, J. K. Rowling quiso que Terry Gilliam, en su día miembro del legendario grupo de humoristas Monty Python y director de clásicos como *Los héroes del tiempo, Brazil* y *12 Monos,* fuera el encargado de llevar a la gran pantalla las aventuras de Harry Potter, pero la productora rechazó su propuesta. El estilo de Gilliam les parecía demasiado «excéntrico».

En Francia, Australia, Gran Bretaña y Taiwán ha habido sellos oficiales de Harry Potter desde 2007.

Para optar al papel de Ron Weasley, el mejor amigo de Harry, en lugar de limitarse a recitar su texto lo mejor posible, Rupert Grint creó un vídeo de rap. ¿Hay aquí un talento oculto más allá de la interpretación?

Durante la filmación de *Harry Potter y las Reliquias de la Muerte,* el doble David Holmes resultó tan gravemente herido que se quedó parapléjico. Daniel Radcliffe abrió un fondo de solidaridad para él.

Aparte de J. K. Rowling, el único que conocía de cabo a rabo toda la saga de Harry Potter, sus misterios y giros desde el principio, era Steve Kloves, quien, con la excepción de *Harry Potter y la Orden del Fénix,* fue el guionista principal de las adaptaciones cinematográficas. Esta era la única forma de mantener la coherencia y credibilidad de tantos personajes durante un período de tiempo tan largo.

Durante el rodaje de las películas, y para evitar el riesgo de lesiones y los consecuentes inconvenientes para la producción, a los actores se les hizo firmar un contrato en el que renunciaban a la práctica de deportes de contacto. De ahí que muchos de los miembros del elenco fueran a jugar al golf en su tiempo libre.

Pese a que Remus Lupin lo mantuvo en secreto durante mucho tiempo, finalmente salió a la luz que su Patronus tenía forma de lobo, algo que no le gustaba nada, porque le recordaba su condición de hombre lobo. Por cierto: según J. K. Rowling, la licantropía es una metáfora de las enfermedades estigmatizadas, como el sida.

En la película *Harry Potter y el prisionero de Azkaban*, sentado al fondo de El Caldero Chorreante, puede verse a un mago que lee *Breve historia del tiempo*, de Stephen Hawking.

Según una encuesta, el hechizo más popular entre los fanáticos de Harry Potter es *Expecto Patronum*.

Para que el hipogrifo Buckbeak pareciera «lo más auténtico posible», Alfonso Cuarón, director de *Harry Potter y el prisionero de Azkaban,* tuvo la idea de que el animal defecara justo después de que Ron le dé a Harry un leve empujón para que se acerque a él.

Para el personaje de Rubeus Hagrid, guardabosques y guardián de las llaves y los terrenos de Hogwarts, J. K. Rowling se inspiró en su encuentro en un *pub* con un motero de los Ángeles del Infierno. El hombre era tan grande e imponente que todo el mundo se apartó de su camino al verlo entrar; cuando este llegó a la barra y se sentó a beber su cerveza tranquilamente, se puso a hablar sobre su jardín con devoción.

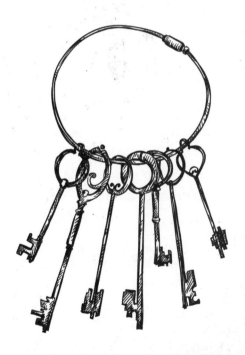

En la primera versión del libro *Harry Potter y las Reliquias de la Muerte*, la copa de Hufflepuff (uno de los horrocruxes) no es destruida por Hermione usando un colmillo de basilisco, sino por Harry.

J. K. Rowling no solo ha alcanzado el éxito con sus libros de Harry Potter: bajo el seudónimo de Robert Galbraith ha publicado desde 2013 seis novelas que tratan sobre el detective privado británico Cormoran Strike, quien, con la ayuda de su asistente Robin Ellacott, resuelve casos de lo más complicados. Rowling eligió un seudónimo para asegurarse de que los libros de Galbraith se valoraban de un modo imparcial e independiente del éxito de Harry Potter.

Secreto

Los creadores de las películas de
Harry Potter fueron muy meticulosos
y prestaron especial atención para
asegurarse de que ningún animal sufriera
durante la grabación, ya fueran búhos,
ratas o serpientes. En los créditos
de la cuarta película, incluso se señala
explícitamente que ningún dragón resultó
herido durante el rodaje.

Hecho conmovedor

No todos los nombres de la saga Harry Potter son fruto de la imaginación de J. K. Rowling: en *Harry Potter y el cáliz de fuego,* una nueva estudiante de Hogwarts llamada Natalie McDonald es asignada a la casa Gryffindor por el Sombrero Seleccionador y, a diferencia de Harry, Ron y compañía, ella existió. Tenía nueve años, era canadiense, se sabía de memoria todas las películas de la saga y sufría leucemia en fase terminal.

Un amigo de los padres de Natalie escribió a J. K. Rowling, le habló de la trágica situación de la niña y le pidió que le contara a la pequeña alguna de las nuevas aventuras que viviría Harry Potter. Cuando la autora recibió la carta, envió un correo electrónico a la madre de Natalie explicándole anécdotas de la escuela de magia, pero resultó que Natalie había muerto el día anterior. De ahí que Rowling decidiera inmortalizarla en *El cáliz de fuego.*

Natalie McDonald

Para la escena del entierro de Aragog en la adaptación cinematográfica de *Harry Potter y el misterio del príncipe*, J. R. Rowling escribió personalmente la canción con la que Hagrid y el profesor Slughorn honran el recuerdo de la acromántula, amiga y antigua mascota del guardabosques. Se tituló «Odo the Hero».

Cada pieza del tablero de ajedrez gigante que aparece en la adaptación de *Harry Potter y la piedra filosofal* pesaba casi 250 kilos.

En las películas, se usaron siete búhos distintos para el papel de Hedwig; todos eran machos, porque los machos de esta especie son más pequeños que las hembras y tienen un plumaje más blanco que estas, lo que se ajustaba más a la descripción de Hedwig en los libros.

Llevó medio año enseñar a los búhos de las películas a transportar cartas..., y cuando al fin lo lograron, tuvieron que producirse 1.000 cartas nuevas porque la versión original pesaba demasiado para los animalillos.

Nicolas Flamel, de quien en la saga de Harry Potter se dice que estuvo involucrado en la creación de la piedra filosofal, existió en la vida real. Flamel (1330-1418) fue un erudito francés que se hizo famoso como alquimista, al serle atribuido el descubrimiento del «elixir de la eterna juventud». De hecho, se decía que logró la inmortalidad. Esto no es cierto, por supuesto, aunque sí alcanzó los ochenta y ocho años, que es una cifra extraordinariamente elevada para la época. En cualquier caso, su «espectacular hallazgo» no llegó a salvarlo de la muerte.

El séptimo y último volumen de la saga es el único en el que no aparece representado ningún partido de quidditch, lo cual tiene todo el sentido del mundo, puesto que en esta ocasión la trama gira en torno a la pura supervivencia y lejos de Hogwarts.

En los países islámicos, las novelas de Harry Potter sufrieron algunos cambios para adaptarlas a las tradiciones locales. Por ejemplo, en Hogwarts no se sirve carne de cerdo, sino huevos o carne de ciervo.

En una carta que Harry escribe a su padrino Sirius Black en 1994 (según la cronología de las novelas), le informa de que su espantoso primo Dudley, en un ataque de rabia, tiró por la ventana su PlayStation. Resulta, no obstante, que por aquellas fechas la PlayStation solo se comercializaba en Japón, y no llegó a Europa hasta un año después.

La combinación niños y piojos es prácticamente inseparable, y por desgracia tampoco perdonó al elenco de actores de *Harry Potter y la cámara secreta*. Debido a una verdadera plaga de piojos entre los niños, hubo que traer a un grupo de enfermeras adicionales al plató para encargarse de las cabezas de los jóvenes actores.

Los primeros personajes que J. K. Rowling creó para su historia fueron Harry, Ron, Hagrid, Nick Casi Decapitado y el *poltergeist* Peeves.

No es cierto que la pandemia solo tuviera una cara negativa: para ofrecer a sus seguidores un poco de distracción en ese «momento extraño e inquietante», J. K. Rowling escribió un libro infantil, *El Ickabog,* y lo publicó gratis en su página web **theickabog.com** en 36 entregas.

Anécdota curiosa
A una de las primeras presentaciones del libro de J. K. Rowling solo acudieron dos personas, y además por error.

El nombre «Dumbledore» proviene del griego antiguo y significa «abejorro». J. K. Rowling justificó su elección diciendo que al crearlo se imaginó al bondadoso director revoloteando y tarareando por los pasillos de Hogwarts.

Se suponía que a Harry Potter tenían que decirle a menudo «¡Tienes los ojos de tu madre!». Según la descripción del libro, los ojos de Lily Potter eran de un color verde brillante, pero resulta que Daniel Radcliffe era alérgico a las lentillas, de modo que decidieron dejar que mantuviera su color original, que era azul. La casualidad quiso que la actriz Geraldine Somerville, encargada de dar vida a Lily Potter en las películas, también tuviera los ojos azules, y no fuera necesario usar lentillas.

La rata de Ron, Scabbers, fue interpretada por más de 12 roedores diferentes en las películas.

Helena Bonham Carter, que interpreta a Bellatrix Lestrange en las películas de Harry Potter, se llevó a casa los dientes postizos de su personaje como recuerdo. En una entrevista que concedió a *Entertainment Weekly* explicó que guardaba los dientes en una caja de plástico y los sacaba cada vez que echaba de menos a Bellatrix.

Los palos de escoba de las películas de Harry Potter estaban hechos de titanio en lugar de madera, para evitar accidentes durante el rodaje.

¡Según J. K. Rowling, el profesor Snape existió de verdad!
Bueno, al menos hasta cierto punto. La escritora se inspiró
en su antiguo profesor de química.

La mayoría de los fans de Harry Potter pronuncia mal el
nombre de Voldemort. Este proviene del francés y de ahí que
la «t» final sea muda. Traducido significaría algo así
como «vuelo de la muerte».